菊池流

このひと言で子どもが動く!

言いかえフレーズ

菊池省三 編著

中國達彬・小笠原由衣
西村昌平・堀井悠平 著

学陽書房

はじめに

「**子どもをやる気にさせる言葉かけ**や、**学級の状況に合わせた声かけ**に自信がない。少しでもそのヒントが欲しい……」

「気がつけば**子どものよくないことを叱ってばかりいる。**子どもたちとの距離が離れていくようで心配だ……」

「**子どもをほめて育てたい**けれど、どうやってほめればいいのだろう？」

全国の多くの先生が、このような不安や悩みをもたれているようです。この本を手にされた先生の中にも、同じような不安感や困り感をもたれている方も多いのではないでしょうか。

もちろん、子どもとの関係をよりよくする言葉かけのあり方を深く学びたい、ほめる指導をもっと追究したい、という先生もおられるでしょう。

本書は、そうした先生方の不安や悩み、そして、期待に、「言いかえフレーズ」という視点でおこたえします。

「言いかえフレーズ」とは、**つい言ってしまいがちなネガティブな言葉を、子どもの心に届くポジティブな言葉に変換する**ことです。

そして、**学級全体を温かい雰囲気にさせる、「ほめる」を核とした教師の子どもへのプラスの接し方**にも目を向けています。

ぜひ一読していただき、実際のそれぞれの効果を試してみてください。

これからの時代の教師には、「型」に当てはめる授業観ではなく、子どもたちの「学習意欲」を重視する授業観に立ち、「コミュニケーションあふれる教室」をつくることがますます求められています。

そのためには、言葉の力を育てることが重要です。「言葉を育て、言葉で育てる」という考え方を指導の中心に置くとよいでしょう。

また、実践で大切なことは、「ほめて・認めて・励ます」教師の関わり方です。子どもたち一人ひとりに自信をもたせ、安心感のある教室をつくることが、大事だと考えているからです。

「言葉で子どもを育てる」ための第一歩が、「教師の言葉」です。**温かい教室になるのか、冷たい教室になるのかは、教師の発する言葉で決まります。**

今回は、私が主宰する菊池道場の実践力あふれる４人の先生に執筆していただきました。中國達彬先生（広島）、小笠原由衣先生（高知）、西村昌平先生（岡山）、堀井悠平先生（徳島）です。

何度も実践を繰り返し、安定した指導のポイントを示し、分かりやすくまとめてくださいました。

忙しい教育現場で日々を送られる中、本当にありがとうございました。

この一冊が、明日からの学級づくりに少しでも役立つことを執筆者一同願っています。まずは教師自身がプラスの視点をもってください。ほめ言葉が教室を変えます。

菊池　省三

CONTENTS

CHAPTER 3 怒らなくても子どもに届く！ 学校生活での言葉かけ

CHAPTER 4
どの子も認めて居場所をつくる！
気になるあの子への言葉かけ

CHAPTER 5

安心して言いたいことが言えるクラスになる！授業中の言葉かけ

CHAPTER 6 違いを認め合い成長する！コミュニケーション力を育てる言葉かけ

CHAPTER

1

教師のひと言がクラスの雰囲気を変える!

1 その悩み、教師の「言葉かけ」次第で変わります！

ついこんなひと言を発してしまっていませんか？

全国の学校に行くと、時々、先生方からの次のような言葉を耳にします。

「どうして、もっと早くできないの？」
「もう、何回言えば分かるの？」
「また間違えた。何やっているの？」
といった子どもを否定する言葉です。子どもは悲しそうな顔をしています。学級全体にも落ち着かない重い空気が広がっています。

ネガティブな言葉よりポジティブな言葉をかけよう

先の言葉を、以下のように言い換えてみたらどうでしょう？
例えば、次のような声かけに変えてみるのです。
「丁寧にしているね。もうすぐだね」
「大丈夫。先生と一緒にやってみようね」
「君らしく挑戦しているね。何に困っているのかな？」

ネガティブな言葉は、強い口調になり、子どもの心を脅かします。

逆に、ポジティブな言葉は、穏やかな口調になり、子どもの安心感と前向きな心を育てます。

教室の空気の発信源は教師です。ネガティブな言葉からは、重くて冷たい空気しか出てきません。教室から笑顔が消え、確実に崩れていきます。子どもたちは委縮して成長できません。

教師のポジティブな言葉があふれている教室は、温かい笑顔に包まれています。子どもたちはのびのびと自分を表現し、互いを認め合いながら成長していきます。そこには柔らかい空気が広がっています。

ポジティブ言葉で子どもも教師も楽になる

どの先生も、「いい学級をつくりたい」「笑顔あふれる教室にしたい」と思っています。子どもたちも同じ思いでしょう。

ところが、毎日の忙しさの中、思い通りにいかなかったり、疲れていたりすると、気がつけば子どもを否定するネガティブな言葉を発してしまいます。その結果、理想とする教室に近づけないで、先生も子どもたちも苦しんでしまいます。

以前、問題を抱えた６年生の学級で飛込授業をした時のことです。授業後の感想には、「１時間の授業で、１回も注意や叱られることがなかったのでうれしかったです」といった内容がたくさんありました。

感想を担任の先生と読みました。担任の先生は、「自分は叱るばかりでした。これからは、本気でほめることができる教師を目指します」と話されました。

卒業前に再び同じ教室を訪れました。先生も子どもたちも明るい雰囲気の中でのびのびと過ごしていました。柔らかい表情で学び合い、そこではポジティブな言葉があふれていました。

帰り際に、担任の先生が、**「言葉かけひとつで教室が、子どもたちが変わりました。そして、私も大きく変わりました」**と話されました。

ポジティブな言葉を使うことで、確実に変わります。子どもも教師も楽しい毎日に変わるのです。

2 ポジティブな言葉の効果とは？

ポジティブ言葉を使うのは、人間関係の基本

ほめられてうれしいのは大人も子どもも一緒です。ほめられてうれしくない人はいません。ほめ言葉はポジティブな言葉です。

そして、**ほめて、認めて、励ますポジティブな言葉**を使うことは、教師と子どもとの人間関係を築く基本です。

温かく絆の強い教室をつくるために、ポジティブ言葉は重要です。

自信と安心を生み出すポジティブ言葉の効果

ほめ続けることで、子どもの自尊感情は高まっていきます。自分を尊重する感情は、幼い頃に他者からの肯定的な評価をされることで培われると言われています。ポジティブなほめ言葉にはその力があるのです。

飛込授業後の子どもたちの感想から、その効果について考えてみます。

- **恥ずかしがらないで安心して発言できた**
- **自分から話し合いなどの活動に参加しようと思った**
- **上手くいかなくてもどうしたらいいか落ち着いて考えられた**
- **ほめ言葉と拍手がセットになると自信になり笑顔になれた**
- **友だちの意見や考えを聞くことが楽しくなった**
- **当たり前のこと（話し手を見る、姿勢を正すなど）が大切だと改め**

て気がついた

- **友だちのいいところを素直に受け入れるようになった**

学習に前向きになり、学び合いが豊かになっていることが分かります。個と集団の高まりを感じます。

たった45分の飛込授業であっても、自信と安心感が教室の中に広がるのです。

変わる教室の子どもたち

以下は、在職中に担任していたある子どもの作文です。年度初めは、自分を上手く表現することが苦手で、友だちともトラブルが多かった子どもでした。

「5年生の1年間が終わります。成長させてもらいました。ありがとうございます。(中略)

5年1組では、『教室にあふれさせたい言葉』『1年後に言われたい言葉』がいつもありました。前向きで元気の出る言葉が並んでいます。4年生までは、相手を傷つける言葉や自分をみくびるような言葉を平気で使っていました。学校も面白くなかったです。

でも今は違います。『ありがとう』『成長したね』『次は大丈夫』などの温かい言葉があふれています。そして、当たり前のように『公の言葉』をみんなが口にしています。ぼくもその一人です。

話し合いや学び合いが楽しくなりました。自分の意見を出し合って学習することが普通になったからです。

みんなが価値ある言葉を使うようになったので、安心して過ごせる笑顔いっぱいの教室になり、とても幸せです。(後略)」

教室の雰囲気は、「言葉」で決まります。前向きでポジティブな言葉があふれだすと、何事にも意欲的な積極型の子どもが育ちます。強い絆でつながり合う教室へと成長していくのです。

3 ささいなことでもほめて価値づけよう

ほめるために子どもを見よう

ほめることは難しくはありません。子どもの「変化」に敏感になれば、気づきは増えます。それらをほめ言葉にすればいいのです。

ほめるところはいくらでも見つかります。過去に、1時間の飛込授業で、58個のほめ言葉を子どもたちに届けたことがあります。

ポイントは、好奇心をもって子どもたちを見ながら、ささいなことでも大きく価値づけてほめることです。

子どもたちの非言語をほめよう

発表の場面であれば、子どもたちの何気ない非言語をほめます。「声」については、その大きさや明るさ、速さ、口調などです。「表情や態度」であれば、目線や笑顔、体の向き、身ぶり手ぶりなどです。

- **ちょうどいい大きさの声**ですね。安心して聞けましたよ。
- **明るい声**ですね。子どもらしい素直さが感じられました。
- **聞きやすいスピード**で話してくれました。みんなも理解しやすかったですね。聞き手への思いやりを感じました。
- **目線が聞き手のみんなに向いていました。**伝えようという気持ちが分かりました。みんなで学び合う教室になりますね。
- **笑顔がいい**ですね。授業は対話です。安心して話し合える空気をつくってくれています。

● **言葉だけではなく体も使っての発表**でした。言葉だけではなく気持ちも伝わってきました。ありがとう。

このように、しっかりと子どもを見て、それをポジティブな言葉でほめるのです。

ほめることで、教室に望ましい基準をつくろう

ほめるということは、子どもたちの教室での居心地をいいものにします。**何がよくて、何がよくないのかという基準を示す**ことにもなるからです。ほめられたことを実行できるようになると、安心して教室で学んだり生活したりできるようになります。

例えば、友だちの発言中にうなずきながら静かに聞いていた子どもを、「しっかり聞いていることを話し手に伝えていました。素敵な聞き方です」とほめたとします。すると、その聞き方が教室の中に広がっていきます。

そのような聞き方ができるようになると、話を聞く時はどうすればいいのかが子どもたちにも分かるので、不安がなくなり安心して学習に集中できるようになるのです。

子どもたちは、どんな聞き方がいいのか、どんな話し方がいいのか、ペア学習やグループ学習時の態度はどうあるべきかなど、知っているようで意外と知らないものです。特に教師から見て気になる子は、行ったこともないし教えてもらっていないのかもしれません。

それらをほめることで具体的に示していくのです。**「ほめて教え、できたらほめる」ことを繰り返すことで、落ち着いて学習したり生活したりできる学級になっていきます。**ほめた数だけ学級は集団として成長するのです。

4 「気になる子」ほど ほめるところを 見つけよう

「気になる子」への最初のアプローチはほめること

Ｓ君という子どもがいました。家庭が複雑で、教師にも平気で暴言を吐き、友だちには日常的に暴力行為も行っていました。

そんなＳ君を５年生で担任することになりました。

最初が勝負です。始業式の日から彼のいいところを見つけようとしていました。メモ帳を片手に、彼の見せる一つひとつの行為に目を光らせていたのです。

無意識の小さな行為を見逃さない

始業式の前に体育館では離任式が行われました。司会の先生が、会の開始を告げ「一同礼」と号令をかけました。Ｓ君は、ピクリとも動きませんでした。４年生までの反抗的な態度の表れです。

異動される先生方の紹介後に、代表の教頭先生のお別れの挨拶に移りました。演台に進まれた教頭先生が姿勢を正された時に、司会の先生が２度目の「一同礼」の号令をかけられました。Ｓ君は、ほんの数センチ頭を下げました。その行動を見逃さず、メモ帳に書きました。

心に染みる教頭先生の話が終わった時、司会の先生が３回目の「一同礼」の号令をかけました。Ｓ君は、大きく頭を下げて礼をしました。

これを見て、「おや？」と思うと同時に、「Ｓ君は、反抗的で暴力的な行為もするが、人の気持ちが分かる優しい心もあるじゃないか。そのことをほめてみんなにも紹介しよう」という気持ちになり、そのことをメモ帳に急いで書き込みました。

そして、**「マイナスのレッテルを貼ってはいけない。真っ白な気持ちで向き合おう」**とも書き足しました。

子どものよさを全員に伝え、未来予想でほめる

始業式後に、新しい教室の前に子どもたちを連れてきました。S君をほめようと思い、整列している子どもたちの中に入り、彼に近づきました。

彼は、新しい担任を前に一瞬身構えました。「怒られる」と思ったのでしょう。「名前は？」と聞くと、小さな声で、「たくと（仮）」と、下の名前だけを投げ捨てるように答えました。

彼の名前は当然知っています。「S君だね」と聞くと、「どうせ俺のこと悪いから知っているんだろう」と思われるだけだと考えたので、名前を知らないふりをして聞いたのです。

その後、彼の始業式での３回の礼について話しました。最後に、「人の気持ちが分かるS君だなぁと思います。感謝の気持ちを素直に出せるS君のような友だちがいると、みんなもよくなるのです。５年生のスタートの日、とても素敵な高学年らしい姿を見せてくれたS君に大きな拍手をおくりましょう。これからが楽しみです」と話をして、教室に子どもたちを入れました。

すぐには変わらない部分もありましたが、こうなってほしいという未来への期待をこめて言葉をかけ続けていくうちに、少しずつ確実にS君も成長していきました。４年生までの気になる行為もなくなっていきました。

卒業の日は、笑顔の彼の周りに、たくさんの友だちがいました。どの子にも可能性があり、それを信じることの大切さをS君から改めて学ばせてもらいました。

5 それでもほめるのが不安な先生へ

「ほめたら子どもに舐められる」って本当？

結論から言えば、そのようなことはまったくありません。

「ほめる」という指導は、子どもの成長を促すための手段です。ほめる目的はそこにあるのです。

舐められることがあるとしたら、「ほめ方がよくない」ということです。

子どもの機嫌をうかがうようにおだてたり、その場しのぎで上辺だけごまかしたりすることを「ほめる」とは言いません。

ほめることはプラスにしかならない

ほめることの定義を考えてみると次のようになります。

「ほめるとは、相手の価値を発見し伝え、相手や周りの人を笑顔と元気にすること」

教師は、子どもたち全員に光をそそぐ太陽です。一人ひとりのよさを発見して本人に伝えつつ、そのよさを全員に響くように価値づけて紹介しましょう。そうやって、本人だけではなく教室全体を笑顔と元気にするのです。ほめることで、お互いに高め合う光り輝く教室に必ずなります。

それでも不安な先生は、**具体的に目についたことをほめる**ことを心がけてみるといいでしょう。

例えば、挨拶の時の表情や目です。子どもらしい笑顔や元気のいい表情が飛び込んできます。無邪気さや前向きな気持ちが伝わってくる目に気付くはずです。「今日も笑顔だね。先生も笑顔になるよ」「元気がいいね。声からも分かったよ」「目も輝いているよ。今日も楽しもう」「最近、目が微笑んでいるね」などと、そのまま口にするといいでしょう。

子どもは、ほめられたがり屋さんです。ほめ言葉を待っています。

まずは「朝のほめ言葉タイム」から始めよう

朝、教室に入ったら、数名を続けて全力でほめてみましょう。

例えば、次のようなほめ言葉を朝のスタート時に教師がかけるのです。

「昨日の帰りに、〇〇さんは、黒板をきれいにしていました。みんなのことを考えられる思いやりがありますね。ありがとう。みんなで、〇〇さんに拍手！」

「今朝、玄関のところで△△君が、校長先生に明るい声で自分から挨拶していました。『いつも元気だね』と声をかけられていました。クラスの代表としてうれしいですね。△△君に指の骨が折れるぐらいの拍手を送りましょう。大きな拍手！」

行う時のポイントは、以下の４点です。

①　毎日朝のスタート時に行う

②　ほめる内容は前日のことや当日朝のこと

③　ほめ言葉の最後に拍手を送る

④　一定期間で順番に全員をほめるようにする

教師は、ほめることに意識が向きます。子どもたちも、「何がよくて、なぜいいのか」が分かってきます。変化をつけるのであれば、教壇から話すだけでなく、子どもたちの座席の中に入って話したり、黒板にポイントを書いたりするといいでしょう。

COLUMN 1

学校一の「問題児」への言葉かけ

6年生で担任したＩ君は、５年生までは「親分」と呼ばれていたそうです。「子分」を集めては、定期的に「悪魔裁判」を行い、いじめのターゲットを決めさせ、自分は何もせず、「子分」にいじめ行為をさせていたのだそうです。

彼の学級担任は、５年間で18人も代わったそうで、その原因の張本人は彼だと言われていました。

朝の登校時から放課後の下校時まで、彼とは本気で向き合いました。特に１学期間は、「10割ほめる」といったスタンスでした。

「(床掃除の時に) 自分のもてる力を人のために使っている。大人でも難しい。プラスのエネルギーを出せるのが君らしさだ」、「(友だちとの学び合い時に)『教える者は二度学ぶ』の君はお手本だ」などと、本気でほめ続けました。

もちろん、「問題児」として気になる行為はありましたが、頭ごなしに叱るのではなく、「どうした？　君らしくないな。期待しているぞ」、「君の実力が出てないね。このままでいいのか？」といった、「本当のところは信じているよ」という気持ちを伝え、反省を促す声かけを心がけていました。厳しさも含む声かけです。

教師との交換ノートのような「成長ノート」では、コメントを全力で書きました。彼が書いた以上の文量を返事として書いたこともありました。

２学期に入ると、彼の険しかった目つきや表情に変化が見られるようになりました。 (COLUMN 2に続く)

CHAPTER

2

信頼される教師はやっている！

子どもの心に届く
言葉かけのポイント

1 普段の2割増くらいの上機嫌を意識する

教師が上機嫌な空気をつくろう

教師が上機嫌で笑顔の教室は、子どもたちの明るい笑顔にあふれています。活気があり、何に対しても前向きです。

逆に、教師が不機嫌な教室の子どもたちは、暗くて冷たい空気に覆われ、笑顔もあまりありません。

上機嫌と笑顔は伝染します。それらの発信源と受信源は教師です。

教師が教室の空気を決めるのです。

2割増しの笑顔とリアクションを心がける

常に普段の２割増しの上機嫌を心がけます。そのポイントは、

- **口角を意識した明るい笑顔**
- **ちょっと大きなリアクション**

です。このことは、コミュニケーションの大原則です。

子どもの発言や話を聞く時には、笑顔でうなずいたり拍手をしたりすることを「２割増しに」と意識します。

何かを伝えたり声をかけたりする時には、温かい目線や声の強弱や抑揚などを「２割増しで」と意識するのです。

教師の言葉や関わり方が温かいものになり、子どもたちに伝わります。

教師と子どもは、鏡の関係である

雰囲気のいい教室の子どもたちには共通点があります。それは、

- **笑顔が多く表情が柔らかい**
- **ちょうどいい大きさの声で話す**
- **動きがスムーズで落ち着いている**

という3つです。自信と安心があふれているのです。

「人間関係は鏡である。鏡は先に笑わない」という言葉があります。子どもたちと先生との関係は、鏡の関係なのです。

POINT

上機嫌さを2割増しにするポイントは、教師の笑顔とリアクションです。率先してコミュニケーションの下地をつくりましょう。

2 「あなたたちならできる」と未来予想でほめる

長所接近法タイプの先生になろう

教師には、**子どもにダメ出しばかりする短所接近法タイプと、よさを見つけてほめることを大切にする長所接近法タイプ**があるといわれています。

マイナスを見つけては、厳しい叱責を繰り返す短所接近法タイプでは、子どもたちのやる気は育ちません。

叱るよりもほめることで人は育ちます。可能性を信じ、「できるよ」という言葉かけを基本とする長所接近法タイプの教師でありたいものです。

「未来予想ぼめ」で育てよう

できていないことに目を向けるのではなく、**子どもの可能性を信じ、望ましい未来を予想してほめましょう。**

「(意見を書けなくても) その考えるやる気があれば次は大丈夫」

「(発表ができなくても) 真剣に聞いているから手も挙がるようになるよ」

「(教室がざわついていても) 先生は、みなさんだったら1か月もすれば落ち着いた教室になると思っています。今の表情からも分かります」

「〇〇さんががんばっていますね。うれしいです。それが周りにもどんどん伝わるので、これからはみんなも成長しますね」

子どもは、ほめられ続けた方向に成長していきます。

子どもの言動に好奇心をもとう

「やってほしくない」「なってほしくない」ところだけを見ていると、マイナスを探してしまいます。当然、注意することが増えてきます。

逆に、「こういうことをしてほしいな」「こうあってほしいな」と思って、子どもの様子に対して、好奇心をもって見ているとほめたくなります。がんばっているところが見えてくるからです。

教師が望む未来のイメージや理想をもって指導することが大切です。

POINT

マイナス面ばかりに目を向けないで、
子どもたちの未来がプラスになるような
「ほめ言葉」を伝えよう。

3 「気にならない子」を中心に言葉をかける

「気になる子」ばかりに目を向けない

「2・6・2の法則」という言葉があります。集団は、「がんばる子が2割、普通の子が6割、気になる子が2割」という考え方です。

多くの教室では、2割の「気になる子」に目が向けられ、その子どもたちへの叱責などが目立っています。それでは教室はよくなりません。8割の「気にならない子」が、やる気をなくすからです。

気にならない8割の子どもにも目を向けましょう。その子どもたちのレベルを引き上げることで、「気になる子」も育ってきます。

「気にならない子」をほめて、「気になる子」も育てる

「気にならない子」をほめると、それを聞いた「気になる子」にも変化が出てきます。

がんばって聞いている「気にならない子」を、「話をしている友だちに体を向けて聞いています。素敵です」とほめると、「気になる子」の中に姿勢を正す子が出てきます。

その瞬間に、「今、〇〇君も姿勢を正しました。吸収力がバツグンにいい。拍手！」とほめるのです。そうやって少しずつ「気になる子」が減っていきます。

ほめることは、叱ることでもある

がんばっている子をほめると、そうではなかった子どもは、「自分も先生に認められたい」と思い、自分の行動を改めようとします。

このことは、**教室の中に望ましい基準を示す**ことにもなります。ほめることで、何をどうすればいいのかという基準ができるのです。

「気になる子」は、それらの基準を知らない、理解していない可能性があります。「気にならない子」のよさをほめることで、「気になる子」にそれらを教えるのです。教室全体が少しずつ成長していきます。

POINT

「気になる子」ばかりに目を向けて叱るのではなく、「気にならない子」をほめて全員を育てましょう。

4 短所を裏返しにしてほめる

「長所を見つけられない」は本当？

「あの子にはいいところがないから」とか、「ほめようと思うけれども見つからなくて」といった言葉を、先生方から聞くことがあります。

はたしてそれは本当でしょうか？

「『ほめるところがない』というが、それでもほめるのがプロの教師だ」という先達の言葉があります。

「10割ほめる」という気持ちで、子どもを「みる」ことが大切です。

短所には長所が隠れている

「短所ぼめ」という言葉があります。短所の見方を変えて、長所としてほめるということです。例えば、

- **落ち着きがない→積極的、頭の回転が速い**
- **消極的→思慮深い、落ち着きがある**
- **みんなと違うことをする→ミステリアス、独特な雰囲気**

などです。これはリフレーミングという手法です。どんな子も短所を裏返せばほめることができます。

例えば、話を最後まで聞かないで動き始める子に、「反応がいい。やる気の表れです」と言葉をかけてほめ続けると、落ち着きのなさが少しずつなくなります。健全な積極性を身につけた子どもに成長するのです。

「短所ぼめ」で子どもは変わる

授業中は「10割ほめる」ということを努力目標としましょう。

例えば、発言が苦手な子には、

「しっかりと聞いて考えているね。あなたのような聞き手が話し手を育てるのです」といった声かけをします。

そして、「必ず発表もできるようになります。先生はそれを楽しみにしています」と付け加えます。すると、子どもの表情が変わります。

POINT

短所を指摘し続けても効果はありません。
長所に変えてほめ言葉を伝え続けましょう。
ほめる方向に子どもは育ちます。

5 まずは課題に取り組む姿勢をほめる

正解主義になっていませんか？

正解を求め続ける授業では、減点法の考え方に陥りがちです。授業中に正解が出ない時に、「他にありませんか？」と問い続ける教師は要注意です。結果だけを見ている場合が多いからです。

逆に、学習意欲を重視する教師の授業では、加点法の考え方に立っているので、「がんばっているね」といったほめ言葉があふれています。

正解主義から脱却し、学習意欲重視の考え方に立ちましょう。

ほめるところが飛躍的に増えるポイント

結果ではなく、取り組む姿勢に目を向けると、ほめるところが目に飛び込んできます。

例えば、発言をしている子どもの、

- **表情から→話そうという意欲、聞き手を見ている様子**
- **話している声から→聞きやすい声の大きさやスピード**
- **姿勢や態度から→伝えようという身ぶり手ぶりや体の向き**

など、数えたらきりがありません。もちろん発言の内容や組み立てなどでいいところもほめることができます。

何年も前から対話型の授業が求められています。そのような授業づくりにおいては、意欲重視の立場に立ったほめ言葉が求められています。

子どもたちの多様性に対応しよう

正解主義の考え方では、多様化する子どもたちに対応できません。できない子どもを排除する方向になってしまいがちだからです。

そうではなくて、一人ひとりの違いやそのよさに、教師は目を向けなければいけない時代になってきています。

どの子も生き生きと学びに参加できる教室をつくるために、これからは学習意欲に目を向けて、そこを「ほめて、認めて、励ます」声かけが大切になってきているのです。

POINT

学ぶ姿勢に目を向けて、学習意欲重視のほめる言葉かけを心がけましょう。

6 具体的ないいところを取り上げてほめる

漠然としたほめ言葉は、子どもたちに届かない

ほめても効果がなければ意味がありません。子どもにほめ言葉が響かない原因に、抽象的なほめ言葉で終わっていることがよくあります。

例えば、「偉いね」「よかったね」「がんばってるね」といった漠然とした言葉です。

言われた子どもも、聞いていた子どもたちも笑顔になるような「突き刺さる」ほめ言葉を子どもたちに贈りたいものです。

具体的なほめ言葉にするポイント

具体的なほめ言葉にするポイントは、次の３つです。

- **数字や固有名詞を入れる**
- **価値語（価値づける言葉）を使う**
- **子どもの発言や行動を挙げる**

「11月20日の理科の『月の観察』のノートは、文字がきれいでした。まさしく『文字は人なり』ですね」

「図書室の掃除の時に『一緒にしよう』とＡさんに声をかけていましたね。『率先垂範』と言える高学年らしい態度でした」

このようなほめ言葉は、子どもたちの中に強く残ります。

「I（アイ）メッセージ」で伝えよう

具体的なほめ言葉の効果をより高めるために、「I（アイ）メッセージ」で伝えることを心がけたいものです。

ほめ言葉のあとに、**「先生は○○と思いました」「先生は○○でうれしいです」**といった、「私」を主語としたメッセージを伝えます。

「宿題のプリントを整えてくれたのですね。先生は助かりました。ありがとう」といったほめ言葉です。「Iメッセージ」にすると、気持ちが強く伝わるほめ言葉になります。

POINT

ほめ言葉は、具体的であればあるほど響きます。
子どもの具体的な行動を取り上げ、
価値語とセットに「Iメッセージ」で伝えましょう。

7 学級全体に価値づける

ほめ言葉で学級全体を育てる

家庭と教室のほめ言葉は、どこが違うのでしょうか？

家庭では、基本的に一人をほめます。**教室では、一人の子どものよさを全体に伝えてほめます。**そこに大きな違いがあります。

もちろん教室でも個別にほめることもありますが、全体に響くようにほめることで、その子のよさが共有され、学級全体が育っていきます。

互いを認め合うことにもなり、学級内の人間関係の質も向上します。

一人のよさを学級全体に価値づける

ほめる子どものよさを価値づけて、学級全体に伝えます。その価値づける時に気をつけることは、

- **ほめられる子どもを特別扱いしない**
- **その子のよさを一般化して学級全体の共通の価値にする**

ということです。

「Aさんの算数の学び合いのよさは、『一人も見捨てない』ということです。もちろんみんなの普段の認め合う空気があるからですね。Aさんのよさは、みんなのよさでもあります。これからも伸び合いましょう」

このように、その子と周りの子の「つながり」も価値づけるのです。成長し合う関係が築かれ始めます。

子どもは関わりの中で育っていく

教室の子どもたちは、お互いに影響を与え合って成長していきます。どの子も教室という集団の中で成長し合うのです。友だちの成長をみんなで喜び合う教室でありたいものです。

そのために、「一人の喜びはみんなの喜び」「一人の成長はみんなの成長」と考え、受けとめ合える温かな人間関係を育てたいものです。

教師のほめ言葉は、子ども同士をつなぎ、一人も見捨てない教室をつくる効果があるのです。

POINT

**教室でのほめ言葉は、
その子と学級全体をつなぎ、
友だちのよさを喜び合えるものがよいでしょう。**

8 学年のレベルに合ったほめ言葉で伝える

ほめ言葉で子どもをリスペクトしよう

「とにかくほめなければいけない」などと思い過ぎると、ほめることが目的になってしまい、稚拙な言葉が口から出てしまいがちで、その子や学級に本当に必要なほめ言葉ではなくなってしまいます。

ほめ言葉もコミュニケーションです。相手の立場に立つことが重要です。言われてうれしいほめ言葉であるべきです。そこには、子どもをリスペクトする気持ちがなければいけません。

子どもから学び、共に成長する関係を

ある卒業した教え子が、「４年生の時の担任の先生からほめられてもうれしくなかった。幼稚だと思われているみたいだった」と話していました。どんな言葉でほめられていたのかと聞くと、「ごみ拾いをがんばっていた」「宿題してえらいね」などだったと教えてくれました。

そして、「先生だったら『自分のもてる力を人のために使っている』とか、『約束を果たしている。信頼できる人になっているよ』などと、**一人の人間としてほめてくれるからうれしい」**と話してくれました。

どんなに小さな行為であっても、その学年や本人に合った言葉でほめたいものです。お互いに人間として成長し合う関係を築いていきましょう。

子どもに合った抽象度でほめ言葉を選ぼう

片付けをがんばった子どもが低学年だったら、「片付けが上手にできたね」「片付けてくれてうれしいよ」といった事実を伝えるほめ言葉も効果があるでしょう。子どもたちも喜ぶはずです。

一方、高学年であれば、**「きれい好きだね」「片付けにもあなたらしさが出ているね」**などの高次の価値づけが、学年相応であり喜ぶことでしょう。その子に合った、学年に合ったほめ言葉は、相手をより成長させることにつながります。

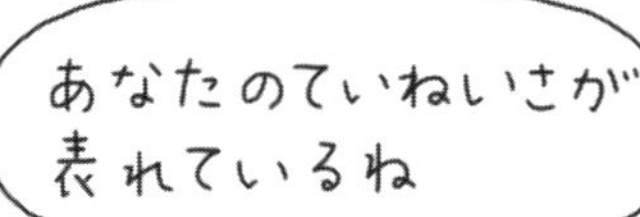

POINT

ほめ言葉も子どもを育てる
コミュニケーションの手段です。
子どもや学年に合った内容にしましょう。

9 「雑音」と「つぶやき」を見極める

「雑音」と「つぶやき」は違う

教室が崩れる大きな要因に、言葉の乱れがあります。授業中に「知らん！」「分からん！」といった粗暴な言葉が飛び交う教室では、知的に学び合うことはできません。

そのような「雑音」と違って、学びの中から出てくる「つぶやき」を大事に拾い上げることは、全員が楽しく学び合うことを豊かにします。

その違いは、子どもから出てくる言葉、その時の話し方や表情や態度から分かるはずです。

公にふさわしい言葉の使い方を教える

教室は、公の場です。全員が安心して過ごせる場所でなければいけません。そのために教師は、必要な態度や行動、仕草、振る舞いを指導しなければいけません。それらの中心に言葉があります。

子どもの発言を「雑音」だと判断したら、「公の言葉を使いなさい」とはっきりと注意し、取り消させたり訂正させたりします。

特に、差別的な言葉や反抗的な言い方をした場合は、全員の前でなぜよくないのかを理解させ、改善すべき方向を決めさせます。このような指導を繰り返すことで、「雑音」は少しずつ消えていきます。

健全な「つぶやき」は、このような指導の中から増えていきます。

すべての発言に対応することが寄り添うことではない

子どもを甘やかすことと、子どもに寄り添うことは違います。何でも許して生まれてくるものは、自由勝手の「野生」、つまり「雑音」です。

一般常識を身につけたうえで出てくるものが、その子らしさの「個性」です。それは健全な「つぶやき」です。

「雑音」を無くし、「つぶやき」を育てることは、発言や話し合いの質を高めるだけではなく、子どもの個性を伸ばすことにもつながるのです。

POINT

「雑音」を無くし、「つぶやき」を区別し、公の場にふさわしい言葉の使い方を教えることで子どもの個性を伸ばしましょう。

COLUMN
2

笑顔と涙の卒業式、そして10年後

COLUMN 1で紹介したＩ君は、卒業式の前日に、次のような手紙をくれました。

「先生は、どうしようもない存在だったぼく達を変えてくれました。それまでは、先生たちを信じることはなかったです。ほめられることもほとんどありませんでした。菊池先生は、言葉で育ててくれました。6年1組のみんなにもありがとうと言いたいです。みんながいたから成長できました。ほめ言葉のシャワーも成長ノートも宝物になりました。菊池先生、あきらめずに見守ってくれてありがとうございました。言葉の力を教えてくれたことは忘れません。ありがとうございました」

卒業式当日の朝は涙を流していましたが、最後は誇らしげな表情で小学校を巣立っていきました。

10年後、Ｉ君に東京で再会しました。大学4年生になっていた彼に、菊池道場の全国大会に参加してもらったのです。立派な青年になっていました。

多くの先生方からの「菊池学級は、優しさと厳しさはどれぐらいの割合だったの？」という質問に、即答で返事をしていました。

それは、「優しさ10、厳しさ10でした」というものでした。

彼は大学時代から起業して、今は立派な社会人として活躍しています。

教師の言葉が与える影響の大きさを改めて考えさせられた出来事です。

CHAPTER

3

怒らなくても子どもに届く!

学校生活での言葉かけ

1 教室全体がざわざわして静まらないときは

NG フレーズ　静かにしなさい！

我慢を強いる言葉では子どもは育たない

我慢を強いる言葉で指導しようとしても、子どもたちの中に主体的に人と関わろうとする態度は育ちません。それどころか、教師の否定的で高圧的な指導の積み重ねは、いつのまにか子どもたちの間に互いを否定したり管理・統率し合ったりするような態度を広げてしまい、教室の中の人間関係をますます悪くしてしまう恐れがあります。

教室の中に静かな状態をつくることも大切ですが、それ以上に大切なことは、子どもたちの中に人に対する興味・関心の気持ちを育てることです。

強制的に静かにさせるのではなく、子どもたちが「聞き合うこと」に意識を向けられるようにすることが大切です。

音を消しましょう

「聞き合うこと」を意識づける声かけを

人に対する興味・関心の気持ちを育てるうえで欠かせない視点は「聞き合う」ということです。ただ黙っていればいいのではなく、相手の話に耳を傾け、まずはそれを受けとめること。その大切さをくり返し伝えていきます。

そのために、最初は「音を消しましょう」のように、何をどうすればいいかを具体的に示していきます。そして、できるようになってきたら「○○さんはいくつのことを話したかな」「○○さんに質問してみよう」のように徐々にレベルを上げていきましょう。

2

整列に時間がかかるときは

NG
フレーズ
みんなが待っていますよ

⚠ 関係性が育っていない教室の子どもたちは遅い

教師と子ども、あるいは子ども同士の関係性が育っていない教室では、集団としてまとまりがなく、動きも遅いことがほとんどです。また、そのような教室では、たいていの場合、集団全体で共有されている思いや価値観が希薄なので、子どもたちは進んで自分をふり返ったり、次に向けて考え方や行動を改めたりしようとすることもありません。

このような場面では、個人に同調圧力をかけるのではなく、教室全体で共有できる価値観を示していくことが必要です。

「遅い人を待たない」ということを理由とともに伝えることで、子どもたちの中に判断や行動の基準をつくりましょう。

OK!フレーズ　できた人から出発しましょう

まずは教師の価値観を伝えることから

「整列できた人から出発しましょう」と言うと、最初は多くの子どもたちが驚きます。しかし、「それは準備が遅い人にも早く行動できるようになってほしいからだ」と理由を話すことで、子どもたちに「先生はルールを守った人のことを考えながら、遅い人のことも大切に思っている」という思いを伝えることができます。

教師の価値観や言動は、その教室の子どもたちにとって重要な判断基準です。そのため、教師はまず自分の考えや子どもたちに期待する姿をくり返し伝え、教室の中に浸透させていくことが大切です。

3 問題を起こした子が自ら名乗り出ないときは

NGフレーズ 正直に言いなさい

失敗経験も学びに変えてほしいけれど……

ある日、教室の花瓶が割れていた。ところが、誰が割ったのか分からない。あらゆる方面から情報を集めてみるも、割ってしまった子を特定できず、直接本人と話をすることができない……。

担任としては、花瓶を割ってしまった本人と一緒に問題の原因や未然防止策について考え、今回の出来事を今後に生かせるよう指導していきたいところです。しかし、多くの場合、こうなってしまうと教室はもやっとした雰囲気に包まれ、問題を起こした本人が簡単に名乗り出ることができるような状況ではなくなってしまいます。

POINT

起きた問題を教材化することで、問題を起こしてしまった子も含めた学級全員でその問題について考えます。

この出来事から何が学べるかな

起きた問題を教材にして授業をする

問題を起こしてしまった子の特定が難しくても、問題を教材にすることで、本人を含めた学級全員での学びの場をつくることができます。例えば次のような問いが考えられます。

・なぜ問題が起きたのか
・本人は今どんな気持ちか
・問題を防ぐにはどうすればよかったか
・本人または学級がこれからすべきことは何か

あらゆることを成長につなげようとする態度を育てましょう。

4 自己中心的な言動が見られるときは

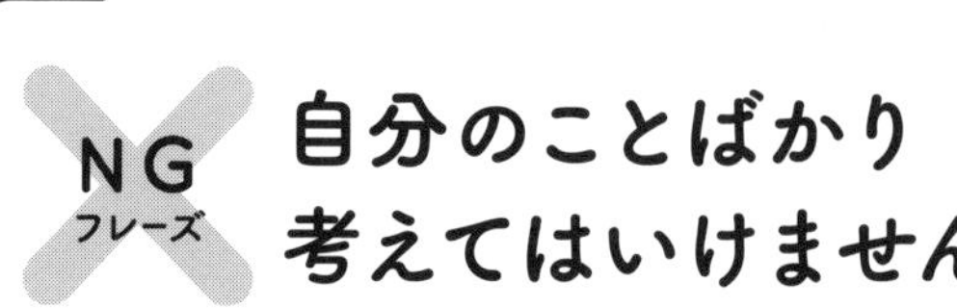

公で通用しない考え方や行動は「野性」

「教室は公の場である」という意識が十分に育っていない学級では、自己中心的な考えや行動が日常化し、全体の雰囲気もなかなか落ち着きません。それは、「個性」と「野性」が混同され、「あるがまま」が何もかも許されてしまっている状態とも言えます。

「個性」と「野性」の違いの一つは、その考えや行動が公の場で通用するものであるかどうかにあります。ですから、教師は、子どもたち自身が「公に通用する個」として自分を律することができるよう導いていくことが必要です。

POINT

「教室は公の場である」ということ伝えたうえで、
一人ひとりに何ができるかを問いかけることが大切です。

みんなのために
できることはないかな

 公で通用する考え方や行動が「個性」

「学校や学級のために自分のもてる力を発揮しましょう。例えば、どんなことができそうですか？」

こんな問いを子どもたちに投げかけると、おそらくさまざまな答えが返ってくるのではないでしょうか。「自分から挨拶をする」「ごみを拾う」「友だちを遊びに誘う」「係活動をがんばる」など、そのすべてが学校や学級をよりよくするための意見です。子どもたちから具体的な意見を引き出しながら、一人ひとりが自分のあるべき姿を考え、「個性」を発揮できるようにしていきましょう。

5 教師の注意に耳を傾けようとしない子がいるときは

NG フレーズ　ちゃんと先生の話を聞きなさい

⚠ 周りの目が気になるから素直になれない

度々注意を受けているにもかかわらず、教師の言葉を素直に聞き入れようとしない子がいます。このような態度をとってしまう原因としてはさまざまなことが考えられますが、その一つに、周囲からの評価を気にしているということが考えられます。

教師に対する不遜な態度も、実は周りの子どもたちに対するアピールであり、その子にとっては自分を守る精一杯の行為なのかもしれません。教師は、本人だけでなくその周りにいる子どもたちにも意識を向けながら、その子に言葉をかけることが必要です。

POINT

「私はあなたの力を信じているよ」という「信頼」や「期待」のメッセージを伝えることが大切です。

どうしたの？ あなたの実力が出ていないよ

「信頼」や「期待」の気持ちを伝える

「あなたの実力が発揮できていないよ」と伝えることは、裏を返せば「私はあなたの力を信じているよ」という思いを伝えるということです。教師はまず、注意をする子に対して信頼や期待の気持ちを示し、寄り添う姿勢を見せながら、その子が安心して教師や友だちの話を聞ける状態をつくることが大切です。

教師がその子の不遜な態度に注目しているのか、それともその子がもっている良さや可能性に注目しているのかは、本人にも周りの子どもたちにも伝わります。子どもを信じる教師の姿を示しましょう。

6 無気力な言動が見られるときは

将来困らないように、今勉強するのです

⚠ ゴールイメージがないから主体的になれない

学校生活に対する意欲が低く、毎日何となく学校と家を往復するだけの子どもがいます。人が主体的に学び続けるためには、見通しをもつことが大切だと言われますが、無気力な子どもたちは、自分の生活や成長に対してあまり具体的な見通しをもてないようです。

教師はそのような子どもたちに対して今すべきことを伝えるだけではなく、その先のイメージをもたせたり、そこに向かうためのプロセスについて考えたりすることを忘れてはいけません。

POINT

成長曲線を示しながら、1年間のゴールとそこに至るまでの見通しを共有します。

Aの道とBの道、どちらに進みますか

成長曲線をもとに「これから」を考えさせる

上の絵の中のグラフは、時間の経過とともに変化する個人や集団の成長度を示したもので、「成長曲線」といいます。このようなイメージを示しながら、子どもたちと一緒に教室の「これから」について考える場をもってみましょう。

「コツコツ努力を重ねて大きな成長を目指すAの道。たいした努力もせずほとんど変わらず終わるBの道。さあ、どちらに進みますか？」

そんな問いかけを行いながら、子どもたちと一緒に明るい未来をつくっていきたいですね。

7 「勉強なんてやりたくない！」と言う子がいるときは

NG フレーズ

みんなやっているのだから、やりなさい

価値を見出せないから主体的になれない

授業中、何かにつけて「やりたくない！」と言う子の中には、毎日同じようにくり返される学校生活の中で、その活動一つひとつの意味や価値にじっくり向き合ったことがない子もいるのではないでしょうか。例えば、学習プリントが配られた時、その意味や価値について進んで考えたことがない子は「やっても意味がない」「自分には必要ない」と言ってなかなか手をつけようとしないかもしれません。

そんな時、教師は無理に学習を強制するのではなく、子どもたち自身が学習の意味や価値を考えられるよう促すことが大切です。

POINT

学習活動の意味や価値を子どもたち自身が考えられるように促すことが大切です。

何のために学ぶのか考えてみましょう

みんなで学習活動の意味や価値を考えさせる

たった１枚の学習プリントでも、とらえ方や取り組み方を工夫すればその可能性は広がります。教師は「やりたくない」という子の思いを受けとめつつも、「このプリント１枚でどんなことを学べるでしょうか？」と問いながら、学級全体にそのプリントを行うことの意味や価値を考えるように促します。

子どもの反抗的な態度に対して、教師は１対１でぶつかるのではなく、上手く学級全体を巻き込んだり、その子の発言を生かしたりしながら、学びの本質に迫っていくことが大切です。

8 真面目に掃除をしない子がいるときは

NG フレーズ　ちゃんと掃除しなさい！

「掃除していない子」が気になるけれど……

子どもたちの行動は集団の雰囲気に大きな影響を受けます。例えば掃除の時間に、一人が話を始めればそばにいる子も一緒になって話を始めますし、一人が遊び始めれば周りにいる子も一緒になって遊び始めてしまいます。

そんな時、教師が「掃除をしていない子たち」にばかりに意識を向け、その子たちばかりに声をかけていると、やがて「掃除をしていたはずの子たち」もその手を緩めるようになり、少しずつ学級全体が「掃除をしない子の集まり」に変わっていってしまいます。

POINT

「掃除をしていない子」よりも、「掃除を頑張っている子」に注目し、その姿を積極的に評価します。

一人が美しいね

「一人で頑張っている子」に注目する

「掃除をしていない子」がいる一方で、目立たないけれど、一生懸命に掃除をしている子もいるのではないでしょうか。

教師は、こうした価値ある姿を見つけ、学級全体で共有していくことが大切です。例えば、一人で黙々と掃除をしている子がいることに気づかせ、「一人であっても自分のもてる力を発揮する。こういう姿を『一人が美しい』と言うんだよ」と伝えます。すると、子どもたちは、具体的な姿と言葉をもとに自分の考えや行動をふり返るようになり、少しずつ自分の行動を修正していくようになります。

9 席替えで不満を言う子がいるときは

NG フレーズ **文句を言わない！**

不満を言うのは不安があるから

子どもたちにとって席替えは大切な節目の一つです。

しかし、授業をはじめ、普段の生活の中で、子ども同士が関係を築き合うような取り組みがなされていないと、席替え一つとってもスムーズに進まないことがあります。中には、新しい席に移ることや新しい人間関係をつくることへの不安から、不満の声をもらしてしまう子もいるかもしれません。

教師は、席替えの価値や目的を伝えるとともに、子どもたちが安心して次の一歩を踏み出せるような場をつくる必要があります。

POINT

新しい席に移動する前に、隣同士でお互いを認め合い、感謝を伝え合う時間をつくります。

ペアの人に感謝の気持ちを伝えよう

すてきな別れをすてきな出会いにつなげる

例えば、席替えの前にペアの相手の良いところや相手に感謝していること、あるいは新たな出会いに向かう相手を励ますようなメッセージを伝え合う時間を設けてみてはどうでしょうか。こうすることで、子どもたちは自分に少し自信をもち、次のペアの友だちとも頑張ってみようかなという気持ちになるかもしれません。

子どもたちは良好な人間関係を通して大きく成長していきます。そのため教師は、子どもたちが学校生活の中で人と関わることの楽しさや喜びを感じられるよう働きかけていくことが大切です。

COLUMN 3

「みんなの中の自分」を感じる経験

「先生、『うつ』っていう漢字、書けますか？」

４月。漢字が大好きなＫさんの日課は、家で調べた漢字をクイズにして担任に教えることでした。人一倍こだわりが強いのは彼のよさなのですが、一方で「みんなのために何かをする」という意識が薄いため、友だちから少し距離を置かれることもありました。

「Ｋさん、一緒に掃除しよう」「Ｋさん、一緒に水やりに行こう」と何度誘っても、Ｋさんは「え〜、嫌だ〜」と言うばかり。どうしたものだろうと悩む日々がしばらく続きました。

そんなある日、彼の「漢字クイズ」をクラスの他の子どもたちにも紹介したことがありました。クイズが予想以上に盛り上がったので、そのあとＫさんのところに行き、「Ｋさんのおかげですごく盛り上がったよ。ありがとう」と声をかけました。

その日の放課後。教室にいたＫさんがもじもじしながらやって来て言いました。

「先生。僕、（みんなのために）当番表回して帰ろうかな」

彼の中に、「みんなの中の自分」という意識が小さく芽生えた瞬間でした。

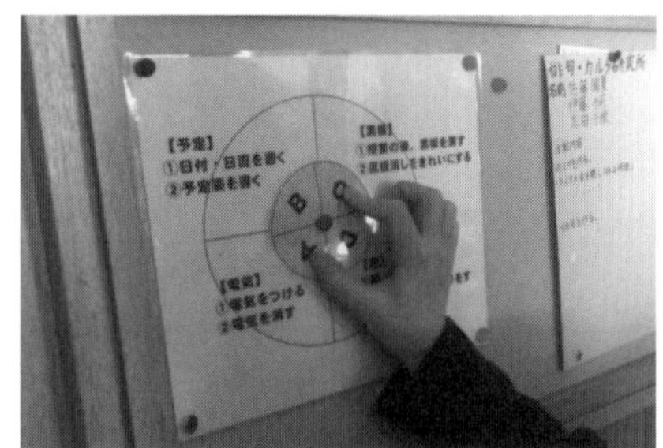

CHAPTER

4

どの子も認めて居場所をつくる！

気になるあの子への言葉かけ

1

多動ぎみな子には

NG フレーズ きちんと座りなさい！

強く叱るのは逆効果

「子どもはじっと座って話を聞くものだ」と思っていませんか？ 45分間じっと座っているのは、大人でも難しいことです。授業中、すぐ席を立ってしまったり、友だちとおしゃべりしてしまったりするのは、エネルギーが有り余っている証拠かもしれません。

多動ぎみな子どもに「座りなさい」は逆効果になることが多いです。教師が強い言葉で注意すると、周りもその子を攻撃するようになり、悪循環に陥ってしまう可能性があります。ですから、強い叱責は避けたほうがいいのです。

POINT

じっと静かに座っているのが「いい子」ではありません。エネルギーにあふれた子どもが活躍できる授業にしましょう。

よい考えだね、黒板に書きましょう

子どものエネルギーを積極的にとらえよう

多動ぎみな子が、積極的に動くことができる授業をつくることが大切です。例えば、ノートに書いた考えを「黒板に書きましょう」と促したり、「席を立って、多くの友だちと意見を言い合いましょう」と指示をしたりして、子どもたちが自然に動けるような仕組みをつくるといいでしょう。

また、素早く動くことができたことをほめることで、積極的に学習に向かうようになります。教師が、子どものもつエネルギーをよりよい方向でとらえることが必要です。

2 不注意で話を聞けない子には

NG フレーズ　いい？　もう一回言うよ！

「聞いていないから」と教師が教えるのはNG

教師や友だちの話を最後まで聞かずに、早とちりをしてしまう子がいます。そのような時に教師が「もう一回言うからしっかり聞いてね」と繰り返して伝えると、その子は「最後まで聞かなくても大丈夫」と間違った学習をしてしまいます。

また、周りの友だちも「またあの子か」「先生が助けるから大丈夫」と、しだいに関わらなくなっていきます。クラス全体の聞く力を高めなければ、早とちりやミスが多い子どもが悪目立ちしてしまいます。

POINT

話を最後まで聞いていない子に、「個別の支援だから」と親切にもう一度教えてはいませんか？

聞いていて、覚えていて、言える人？

聞いていることを価値づける言葉かけに

教師が出した指示について「今の話、聞いていて覚えていて言える人？」とクラス全体に問いかけましょう。

教室の中には必ず聞いている子どもがいます。その子にもう一度説明してもらいましょう。よく聞いていたことを価値づけ、さらに「○○さんの説明を、隣同士で確認しましょう」というように、どの子も内容が理解できるようにします。クラス全体の聞く力を高める言葉かけにすることで、今まで気になっていた子が目立たなくなっていきます。

3 手遊びが多い子には

触らない！
何回言ったら分かるの？

⚠ 何をしていいか分からず、手遊びをしてしまう

授業中、消しゴムを手の中で転がしたり、鉛筆をくるくると回したりする子がいます。授業中に何をしていいか分からない時に、手遊びをしてしまうのではないでしょうか。

そんな子に「触らない！」と強く叱って道具を取り上げても、根本的な解決にはなりません。他の道具で遊び始めたり、机に突っ伏してしまったりします。教師も「何回言ったら分かるの？」とイライラを子どもにぶつける結果になります。子どもの気持ちが切り替わり、楽しく次の活動ができるように言葉をかけましょう。

POINT

**気持ちを落ち着けるために手遊びをする子がいます。
代わりの方法を提案して、一緒に解決策を考えましょう。**

OK!フレーズ （笑顔で）旅から戻ってきてね

気持ちを切り替えさせ、適切な行動を示す

手遊びをしてしまう子には、気持ちを切り替えさせましょう。

例えば、ユーモアを交えて「旅から現実に戻ってきてね」と声をかけましょう。また、「これは何かな？」と他のことに注目を集める言葉もいいですね。

そのあとで、「友だちの話を聞きましょう」「ノートに写しましょう」などのように、何をするのかがはっきりわかる言葉をかけましょう。

気持ちを切り替えさせたあと、すかさず次の行動を示すことで、叱らずに子どもの行動を変えることができます。

4 教師が話し終わる前に行動する子には

NG フレーズ **最後まで聞きなさい！**

⚠ 気になる子はやりたい気持ちにあふれている

まだ説明の途中にもかかわらず、席を立ったり作業を始めたりする子がいます。基本的に、子どもたちはやる気に満ちあふれています。特に、気になる子ほどエネルギーが高く、「やりたい！」という気持ちが高まり、すぐ行動に表れてしまいます。

そんな時に「最後まで聞きなさい！」と叱られると、せっかく頑張りたいと思っていた気持ちに水を差され、やる気がなくなってしまいます。教室のちょっと気になる子は、注意や叱責がとても苦手なのです。

POINT

叱るのではなく、にこやかに「スピード違反」と伝えることで、やる気を認めることが大切です。

スピード違反だよ（にっこり）

笑顔とユーモアで叱られ感を減らす

教師が話し終わる前に行動してしまう子には「スピード違反！　やる気がある証拠だね」と、笑顔で伝えましょう。にこやかに、ユーモアを含んだ伝え方にすることで、「叱られた」という感じを軽減することができます。

また、一見マイナスの行動も、プラスに価値づけることで、教師の子どもを見る目が変わってきます。すぐ行動をしてしまう子は、「気になる子」から「やる気にあふれたリーダー」というとらえ方に変わるのではないでしょうか。

5 否定的な言葉を使う子には

NG フレーズ そんな言葉使っちゃダメ！

否定的な言葉をかけられることに慣れているのかも

友だちに対して「バカじゃない？」「キモイ」といつも否定的な言葉を使う子は気になりますよね。「そんな言葉を使っちゃダメでしょう！」と大きな声で叱ってしまうこともあるのではないでしょうか。

しかし、否定的な言葉を多用する子は、そのような言葉をかけられることに慣れてしまっているのかもしれません。もしくは、そういう反応の仕方しか学んでこなかったのかもしれません。子どもの背景を受け入れ、適切な言葉を一緒に考えていきましょう。

POINT

否定的な言葉を使うのに慣れてしまっている子がいます。根気よく、一つ一つの言葉を適切に言い換えてあげましょう。

今の言葉でいいかな？

適切な言葉を根気よく伝え続ける

不適切な言葉が出た時には、教師とその子だけでやりとりをするのではなく、周りの子にも「今の言葉でいいのかな？」と問いかけましょう。

また、「今の言葉を聞いて嫌な気持ちになった人？」と挙手をさせてもいいです。周りで聞いている人も傷つくと伝えるためです。

さらに、「他の言葉で言い換えられる人？」と問いかけてみましょう。どのような言葉が適切なのかを、根気よく伝え続けることが大切です。

6 不安が強く発言できない子には

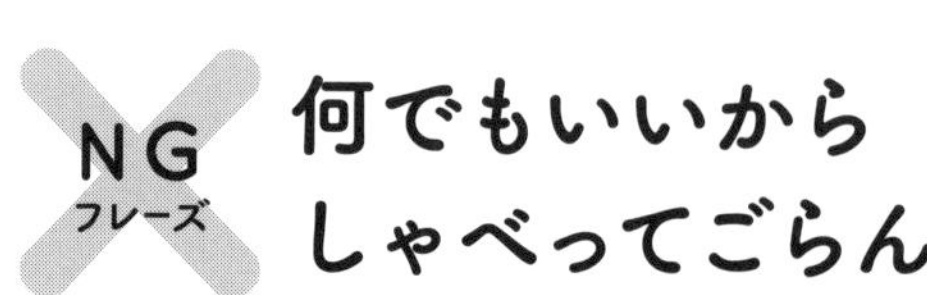

何でもいいから しゃべってごらん

「自由に」「なんでもいい」は不安を増長する

勉強がよくできる賢い子でも、不安が強いため授業中に発言をしない子がいます。教師が「何でもいいから喋ってごらん」と促しても、クラスの友だちの前では声が小さくなったり、黙ってしまったりという場面をよく見ます。

このような子どもは、間違うことを極端におそれているのかもしれません。「自由に思ったことを発言していいよ」と言われても、何をどのように話すのかを学んでこなければ、自信をもって発表することができません。

POINT

教師が答えを教えてはいけないと思い込んでいませんか？
まずは子どもに達成感や安心感をもたせましょう。

（こっそり教師が教えて）発表しよう

一番の目的は「できた」という達成感

不安が強い子には、教師が答えをこっそり教えましょう。教師はまじめな方が多いので「答えを教えるなんてもってのほか」と思う方がいるかもしれません。

しかし、発表することに抵抗がある子には、正解や発表の仕方を事前に打ち合わせ、活躍の場を与えることも必要です。一番大切なのは、「みんなの前で発言できた」という達成感や「受け入れられた」という安心感をもたせることなのです。それらを積み重ねることで、次第にみんなの前で発表ができるようになっていきます。

7 どうせ私なんか……という子には

そんなことないよ。頑張ればできる

⚠ 根拠のない「やればできる」は不安になる

気になる子は、叱られることも多いです。「何をやっても失敗する」「大人に嫌われている」と、自信をなくしている子に対して「頑張ればできるはず」と励ましても、彼らの心に響かない時があります。

彼らはいつも不安でいっぱいなのです。だから、失敗しないように自分を守ろうとするのです。教師が「やればできる」と無理にやらせて、もしまた失敗させてしまえば「先生は嘘つきだ」と、ますます心を閉ざしてしまいます。

POINT

失敗を繰り返したために自信をなくしている子には、「あなたのことが大切です」と伝えることから始めましょう。

先生は○○さんが大好きだよ

「先生は～と思う」は受け入れやすい

不安が大きく自分に自信がない子には、「あなた（YOU）はできる」というような「YOU（ユー）メッセージ」が伝わりにくいです。まず教師が「先生（I）はあなたの～なところが素敵だと思う」というように、「I（アイ）メッセージ」を伝えましょう。

自信がない子が「僕（私）は歓迎されている」「先生は嘘をつかない」と、教師を信頼できる大人だと認めれば、「どうせ僕（私）なんて……」という言葉が減ってくるでしょう。子どもが十分に安心感を得たところで「やればできるよ」と励ましましょう。

8 好き勝手に発言する子には

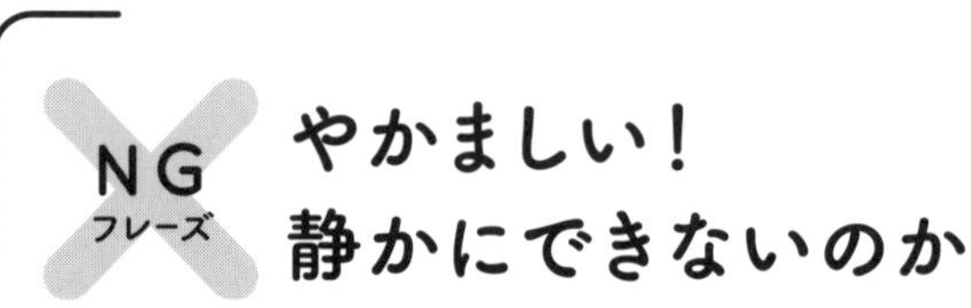

発言力の強い子の周りは面白くない

何度も発言したり、指名されなくても座ったまま答えを言ったりする子がいます。確かに、活発に発言するのはいいことです。しかし、好きなようにしゃべらせると、教師とその子だけのやり取りになり、周りの子は面白くありません。

また、意図せず「授業中は勝手にしゃべってもいい」ということを学級全体に教えることになり、学習規律がだんだん乱れてきます。そうなってから「やかましい！」と注意をしても、まったく効果がありません。

POINT

**発言力の強い子だけが活躍するのではなく、
全員が平等に発言できる学級を目指しましょう。**

あなたの番は後に取っておくね

みんなが発言できる学級へ

勝手に発言をする子は「あなただけが勉強しているわけじゃないよ」と止めましょう。このような子は賢いので、授業のポイントを話してくれることも多いです。教師は、すぐに反応するのをぐっとこらえて、「誰かが話している時は終わるまで待とう」というように話す順番を意識させましょう。

それとともに、「あなたの番は後に取っておくからね」と、やる気を認めたうえで、その子が発言できる場も保障しましょう。早い者勝ちではなく、どの子も順番に平等に、発言できる学級を目指しましょう。

9 すぐ手が出る子には

NG フレーズ　二度としてはいけません

叱り飛ばすだけでは、逆効果の時も

カッとなるとつい手が出てしまう子に、何度注意しても叱っても、なかなか行動が変わらない、ということがあります。

しかし、問題が起きた時に、教師がカッとなってその子に真正面からぶつかっても、逆に反発されることがあります。

確かに手を出すのはいけないことですが、それはその子も十分分かっているはずです。「二度としてはいけません」と言われても、また繰り返してしまうことはあります。学級のほかの子どもも巻き込んで、一緒に成長できる言葉をかけましょう。

POINT

問題を起こした子には、他の子も嫌だと思っていることと、これからのあなたを信じていることを伝えましょう。

これからの〇〇さんを信じる人?

「クラスのみんなも嫌だと思っている」と伝える

教師の言いたいことを、「〇〇さんのしたこと、すばらしいと思いますか、それともやめてほしいと思いますか?」と問うことで、周りの子どもに手を出すのはよくないということを伝えてもらいましょう。また、その理由を何人かに発表してもらうといいです。

そのあと、「すぐには変わらないかもしれないけど、これからの〇〇さんを信じる人?」と学級全体に聞きましょう。感情的にならず、毅然とした態度で「先生はあなたを信じている」と伝え、少しでも行動が変わった時にはみんなの前でほめましょう。

COLUMN 4

あったか言葉でクラスに居場所を

担任したＡさんは吃音のある子どもでした。また、同じ学年の子より幼いところがあり、いわゆる「気になる子」でした。前年度は「学校に行きたくない」と休むことも多かったようです。しかしＡさんは、反応がいい子でした。４月、彼に握手をして「いいリアクションだね！」とみんなの前でほめました。次の日から、Ａさんは「学校に行きたくない」と言わなくなりました。

それでも、１学期の終わりの頃になると、彼の吃音はひどくなりました。学級だけでなく、家でもほとんど喋れなくなりました。また、彼はいつもイライラしており、トラブルが続きました。そこで、学級で「Ａさんは今、心のエネルギーが減っています。みんなの力でＡさんを支えようね」と話しました。

２学期から、学級で毎日一人ずつ主役を決め、その子のよい所を伝える活動「ほめ言葉のシャワー」を始めました。一回目、Ａさんは学級のみんなからよい所を言われ、少し言葉につまりながらも「ありがとう」と笑顔で言いました。

二回目のＡさんが主役の日。ある子が「Ａさんは言葉につまるけど、大きな声で話せますね」と言いました。Ａさんは「僕が喋りにくいのは、吃音っていうんだよ」と言いました。Ａさんが初めて自分のことを語ったのです。その日から、彼は明るい表情になり、音楽会で学級代表のセリフを言えるほどになりました。

教師の言葉で子どもの行動が変わるのを実感します。今日もＡさんはニコニコして登校しています。

CHAPTER

5

安心して言いたいことが言えるクラスになる！

授業中の言葉かけ

1 お互い様子をうかがって発言する子がいないときは

勇気を出して手をあげよう！

⚠ 発言しないのは勇気のせい？　空気のせい？

教師が期待するほどは挙手がなかった時、授業を先に進めたい教師の内心は焦りがちです。そんな時、「これだけの人しか言えないの？」と否定したり、「ほら、勇気を出して」と励まそうとしたりしても、子どもたちの心にはなかなか響きません。余計に手を挙げにくい雰囲気になります。

こうした教室の空気を左右する役割を大きく担うのは、教師です。状況を否定的にとらえ、マイナスな言葉を多用していると、子どもたちは萎縮してしまいます。

POINT

子どもたちが安心して自分の意見を言えないのは、勇気のせいではなく、空気のせい。小さな活動がオススメです。

まず、隣の人と30秒話してみよう

小さな活動で子どもたちを動かし、教室に安心感を

子ども同士がお互いの出方をうかがう背景には、短時間で自分の考えをまとめられない実態やみんなの前で発言する不安感、そもそもの学習意欲の低さなどが想像できます。

一生懸命考えても意見が思い浮かばないこともあります。そんな時は、友だちと相談して教え合ったり、ノートを写し合ったりすることで分かるようになっていく。それが教室です。まず30秒、隣の人と話すだけでも、教室の空気はあたたかいものに変わります。安心して自分の意見が言える場を、徐々に整えていきましょう。

2 友だちの発表をぼーっと聞いている子が多いときは

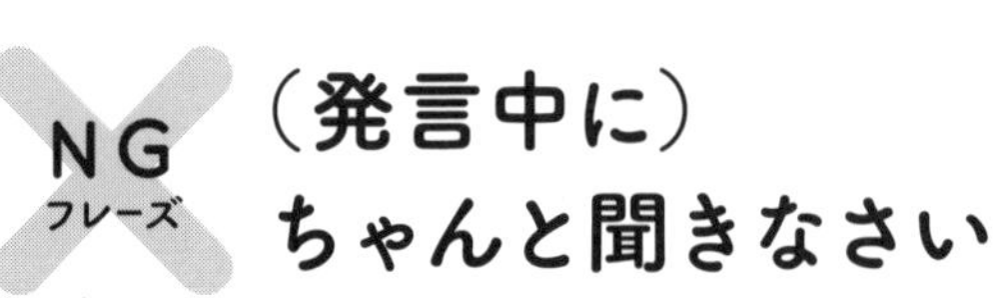

曖昧な命令言葉は響かない

授業中、友だちが発言する際には、ある程度は体の動きを止めて、一生懸命に聞く子どもたちを育てたいものです。しかし、発言する子どもの声が小さい時や、自分事として聞けない状態の時に、どうしてもぼーっと聞いてしまう子どもが出てきます。

そんな時に発せられるこの「ちゃんと聞きなさい」という言葉は、教師の間でよく使われるフレーズではないでしょうか。教師の意図としては、友だちの発言を軽視するかのような態度を改めさせたいのでしょうが、曖昧な命令言葉では伝わりません。

「拍手」というリアクションを促すことで、あたたかい聴き方とよりよい関係性を育てるようにします。

（発言後に）ここで骨が折れるぐらいの拍手！

リアクションを促して関係性を育てよう

拍手には、友だちとのつながりや温かい空気をつくる効果が期待できます。さらに、集中力が続きにくい子どもにとって、こうした動きを入れることで、意識が学習に向きやすくもなります。

「発表した○○さんが笑顔になるような拍手を贈ろう」「もう、拍手を贈るしかないね！」と、リアクションを求めることで、教室の中に温かい関係性をつくることにつながります。

心臓を向けて聞く。思いやりを表情と態度で示す。拍手が出にくい時にはたたみかけるように「……だから、ここで拍手！」です。

3 活動の際に男子女子で固まってしまうときは

NG フレーズ

（活動中に）男子女子でくっつかないで、違う子と組みましょう

「急に言われても……」にならないように

異性を意識する発達年齢に入るからでしょうか、中学年から高学年になるにつれて、男女できれいに別れて活動しようとする場面をよく見かけます。親しい友だちや同性との交流の方が気兼ねなく、気楽に行えるのでしょう。

しかし、いつも同じ友だちや気の知れた仲間とばかり活動している学級に、コミュニケーション力や関係性の広がりは期待できません。かといって、急に直接的に「〇〇しません！」と言ったところで、この年齢の子どもたちの心には届きにくいのが実情です。

POINT

グループを組んでの活動は人間関係を広げるチャンス。
活動前にユーモアと期待を込めたメッセージを送りましょう。

（活動前に）レベルの高いこのクラスなら、男女で固まったりしないよね!?

期待を込めて態度目標を伝えよう

このような学習の場面を、人間関係を広げるチャンスとしてとらえ、教師が積極的に介入していくことが重要です。そこで「レベルの高いこのクラスなら……」と前置きして、期待する姿を伝えます。

先手必勝。活動に入る前に、「男女差別はよくないよね？」「まさか男子だけ、女子だけで活動するなんて、令和の時代に考えられませんよね？」と、ちょっとしたユーモアを交えて伝えることで、先手をとります。全員参加の対話・話し合いをめざすための態度目標を示し、実際にさせてみてほめることで、その態度を育てます。

4 活動間の切り替えが遅いときは

NG フレーズ

終わりです、早く前を向きましょう！

淡々と進めると硬くて遅い授業に

子どもというのは、一旦始めた活動を、なかなかすぐには終えられないものです。ペアでの対話やグループでの班活動のあと、次の学習へ進みたい教師としては、なかなか切り替えられない子どもたちに対して、焦りや苛立ちを覚えることもあるでしょう。

そんな時、「早く前を向きなさい！」のように声を発してしまうと、教室の空気は重たいものに変わり、子どもたちは心も体も硬くなりがちです。子どもたちの思考まで硬直した授業は展開が遅くもなり、「硬くて遅い教室」に陥ります。

POINT

活動と活動の切れ目を、無駄なくスムーズに。そんなときは「早くしなさい」ではなく「早いね！」と口にしてみては……？

早い！　○○さんの切り替えスピードはすばらしい

ほめ言葉であたたかくスピード感のある授業へ

「スピードは集中、集中力は聞く力だ」と子どもたちに話します。スピード感を意識させることで、リズムとテンポよいメリハリのある授業展開が生まれるのです。結果、学び合う心と体、そして空気をつくることにつながります。

教室の中では、切り替えが早い子どもが数人はいるものです。その子を見逃さず、すかさずほめて全体に広げます。「スピード違反！やる気があるねえ」と、ユーモアを交えて話せば、楽しい雰囲気もつくっていけます。教師は、教室全体の空気の受信・発信源なのです。

5 発言した子の答えが間違っているときは

NG フレーズ 残念。他に？

「正解主義」の教室になっていないか

子どもたちは、教師に問いかけられたことに対して、それぞれが自分なりに考え、自分の中の知識や経験と結びつけて解を出します。

例え間違っていたとしても、このようにストレートに否定されると、次からは発言するのをやめておこうという思いにもなりかねません。

正解は一つだけ、それも教師がもっているものを子どもが常に当てにいかなければならないような「正解主義」の授業では、子どもの自由な発想や発言が保障されることはありません。

POINT

子どもに失敗感を与えない教師の受けと返し。ヒントにしたのは、誰も傷つけないお笑いで有名な芸人、ぺこぱです。

時間（とき）を戻そう

ユーモアある切り返しで失敗感をなくそう

子どもの発言が明らかに違っている時、有効なのがこの切り返しです。お笑い芸人ぺこぱの得意なフレーズから取りました。

いくら考えても答えが出ないときは、教師がそっとヒントや答えを教えたらいいのです。友だちがその子に教えるのもいいでしょう。そこまでやっておいて、「時間（とき）を戻そう」とやるのです。

このやりとりにより、その子の中の失敗感をなくし、教室に安心感や楽しい雰囲気をつくることができます。「正解主義」から「成長主義」へ。こういった場面から、授業観の転換を図りませんか。

6 発言につまった子や困っている子がいるときは

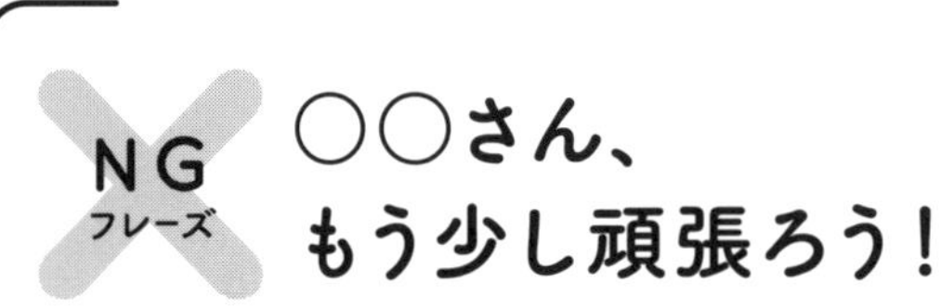

⚠ 困った子に注目し続けるより……

子どもの言語能力の発達には個人差があります。授業中に意見の発表をしていると、発言の途中でつまったり、固まったりして、困る子どもが当然出てきます。

そんな子どもの困り感に寄り添うことに意識が向かず、つい「もう少し！」「最後まで頑張りなさい」と声をかけてしまうことはないでしょうか。そういった励ましによって頑張り切れる子どももいるでしょうが、子どもによっては萎縮や意欲の低下に繋がりかねません。

POINT

発言することに抵抗感や苦手意識をもつ子は、教室に一定数はいます。聞き合って、助け合える集団に育てましょう。

○○さんが言おうとしていることを代わりに言える人？

教室全体を見て、聞き合う心構えや態度を育てよう

対話型の授業を豊かに成立させるためには、教室内の心理的な安全性が要求されます。誰かが発言につまった時は、安心できる温かい人間関係をつくるチャンスととらえてはいかがでしょうか。

例え最後まで意見を言えなかった子どもがいたとしても、「代わりに言える人？」と全体に問い、その双方をほめて価値づけることで、教室に心理的な安全性を確保するようにしてみましょう。困っている子がいる時こそ、聞き合う心構えや態度を育てるチャンスなのです。

7 自信なさげにもじもじ話す子がいるときは

みんなに聞こえるように、大声で！

⚠ 余計にもじもじとさせてしまうことに……

子どもがみんなの前で発言をする際、一定の大きさの声を出すということは、授業で友だちと学び合ううえで大切なことです。しかし、どうしてもそのことに慣れない子どもも一定数はいます。

声の大きさのみに終始した指導は、自信がなく精一杯の思いで話している子どもにとって、たいへん苦痛なものです。教師の指示により、もう一度発表をやり直させられるものの、みんなからのマイナスな注目を浴びることで余計にもじもじとし、自分を守るために黙ったり、反発したりする態度をとることもあります。

POINT

発言が苦手な子には、教師が率先してクラス全体で応援・伴走する雰囲気をつくりましょう。最後は拍手でたたえます。

きっと発言し終わった後には、大きな拍手があふれるでしょう

マイナスには触れず拍手で終わろう

声の大きな子も小さな子も、自信のある子もない子もいるのが、教室です。当然、いろんな子がいていいのです。多様な表現力をもつ他者と学び合うクラスを育てたいものです。

自信なさげに話す子には、相づちや合いの手で、愛あるつなぎをしてはどうでしょうか。「うんうん」「ほーほー」「なるほどね」と間をつなぐことで、沈黙の時のその子の不安感や恥ずかしさを、教師が請け負うのです。「きっと発言し終わった後には……」の言葉とともにみんなで拍手を贈り、その子の一生懸命な頑張りをたたえましょう。

8 「分かりません」と子どもが言ったときは

NG フレーズ　何で分からないの？

⚠ 子どもの発言をないがしろにしていないか

教師の発問に対し、子どもが「分かりません」と言う時の状況や心情は、さまざまなものを想像することができます。問いを聞けていなかったのか、一生懸命考えたけれど分からなかったのか、何となく分かっていても、自分の言葉にできないのか……。

こういった子どもの立場を思いやることなく、教師サイドが言ってほしい答えを子どもに求めるあまり、「何で分からないの？」を続けていると、子どもたちは「先生が求めている正解を言わないといけない……」という正解主義の考えに陥ってしまいがちです。

POINT

一見マイナスな「分かりません」も、教師の受けとめ方次第であたたかくひっくり返し、プラスにすることができます！

「分かりません」も大事な意見です

「分からない」を出発点に学び合いは始まる

授業では、のびのびとした自由な発言を保障したいものです。そこで、この「分かりません」を「知らないことを恐れない、さわやかで素直な意見」ととらえ、明るくほめます。「悩んだ？　考えてる？それでいい。学校は悩んで考える力をつけに来ているんだから」「分からない？　立派です。外の教科書や参考書からではなく、自分の中から答えをつくろうとしている証拠です」などと返します。

例え今は分からなくても、そういった子を見捨てることなく、その子も含めてみんなでつくる学びを意識させることが重要です。

9 一部の子どもだけの挙手になっているときは

NG フレーズ 一人しか手が挙がらないの？

「手を挙げていない多数」に目がいくけれど……

発した問いに対して、たくさんの挙手という反応があることは、授業を懸命に進めている教師にとってはうれしいことです。

しかし、そのことを期待するあまり、思っていたよりも挙手が少なかったり、同じ子どもが何度も発言しようとしたりする場面で、つい「これだけの子しか挙げないのか……？」という思いが湧いてくることがあります。

そんな時、手を挙げていない多数の子どもに目がいきがちですが、もう一方の事実に目を向けてみてはいかがでしょうか。

POINT

「手を挙げない多数」ではなく、「がんばって手を挙げる少数」に目を向けてみてください。教室の空気が変わります。

一人でも手を挙げているよ

「手を挙げている一人の子ども」にスポットをあてる

数人が挙手をしている場面。例え少数であったとしても、その行為に意味づけ・価値づけをして、「一人でも頑張って手を挙げる友だちがいる教室は、だんだんよくなるのですよ」と全体に価値を広げるのです。そのうちにだんだんと、その行為を真似する子どもが現れます。

そこですかさず、「よいことが伝わるのが、よい教室です」と全体に伝えます。一番後ろで、一人でも手を挙げる子どもに対しても同様に、「前にいるみんなが手を挙げていないのに……」とほめることもできます。子どもの学習意欲を大切にしていきましょう。

COLUMN
5

教室は、家族。

６年生を担任したときのことです。３学期、卒業を前にして、子どもたちは卒業アルバムの作成に取り掛かっていました。

アルバム実行委員の児童を中心に学級のページを作っていく中で、「学校の中で好きな場所は？」というアンケートがありました。結果、男子の２位と女子の１位が「教室」でした。教室が、ある程度安心感のある居場所になっていたことが伺えました。また、各々から「全員に一言」のコーナーでは、次のような言葉がありました。

「中学生になっても、みんな家族だよ！」

「最高学年をこのチームで送れてよかったです！」

「自分らしさを大切に、どんなことも乗り越えよう」

この子たちにとっては、教室が「家族」であり、「チーム」であったようです。「自分らしさを大切に」の言葉に、多様性を尊重し合う今後の生き方を期待することができました。

３月。卒業の日を迎えました。卒業式を終えた最後の教室で、ある児童が次のように語りました。

「６年間で一番自信をもてて、それを発揮できたクラスだと思っています。それはみんなのおかげでもあるし、先生のおかげでもあり、自分の成長のおかげでもあります。全てに６の〇（組）への感謝を込めます。１年間、ありがとうございました」

しっかりと自分を語る言葉でした。心から、嬉しい思いで聞きました。

CHAPTER

6

違いを認め合い成長する!

コミュニケーション力を育てる言葉かけ

1 理由が書けない子がいるときは

一人でよく考えなさい。後で発表してもらいますよ

不安を煽る指導では安心して学び合うことができない

〇か×か、AかBかといった話し合いをする時に、立場を決めさせた後に理由を考えさせることがあります。しかし、何を書いたらいいのか分からなかったり、考えに自信がなくて書かなかったりする子がいます。

そんな時に「一人でよく考えなさい。後で発表してもらいますよ」と言うと、子どもたちの不安感はさらに高まってしまいます。

このような不安を煽るような指導では、子どもたちが安心して学び合うことができなくなってしまいます。

POINT

一人で考えさせるのではなく、友だちと相談する時間を取って書くことへの苦手意識を和らげましょう。

友だちの考えを写し合いましょう

書き写す活動で学び合う教室の土台をつくろう

どうしても理由を書けない子がいる時には、次のように話します。

「まだ書けてない子がいます。みんなで学び合うのが教室ですよね。今から時間を取るので、友だちの考えを写し合いましょう。そうすると、安心して後から発表することができるよね」

書くことと相談することをセットにすると、子どもたちは安心して活動に取り組むことができます。

大切なことは、一人で考えさせなければいけないという指導観を転換し、学び合う教室の土台をつくっていくことなのです。

2 たくさんの考えを書かせたいときは

時間いっぱい
たくさん書きましょう

曖昧な指示では子どもたちのやる気が高まらない

白熱した話し合いをするためには、一人ひとりが複数の考えをもっておくことが大切です。しかし、「時間いっぱいたくさん書きましょう」と声をかけても、すぐに手が止まってしまうことがあります。

その原因の一つに、指示が曖昧で子どもたちのやる気が高まらないことが考えられます。

子どもたちが時間いっぱい、たくさん考えを書けるようにするためには、具体的な目標を伝えることが大切です。そうすることで、活動のイメージがしやすく、意欲的に取り組むことができます。

POINT

時間いっぱいにたくさんの考えを書かせたい時には、具体的な数字を入れた指示を出すことがポイントです。

3分間で 5個以上書きましょう

具体的な数字を示して子どもたちのやる気を高めよう

「今から理由を時間いっぱいに書きます。３分間で５個以上書きましょう」などと指示を出します。具体的な数字を入れることで、見通しをもって書くことができます。

書いている途中には机間指導しながら「○○選手３個目に入りました！」「もう５個以上書いている人？　すごい！」といった言葉で子どもたちのやる気を引き出すといいでしょう。

時間が来たら、何個書けたかを確認してプラスの評価をするようにします。こうした指導の積み重ねで、書く量は増えていきます。

3 全員参加の話し合いにしたいときは

聞いているだけじゃなくて、発表しなさい

⚠ 発表する子だけに目を向けていてはいけない

全員参加の話し合いにしたいと考えた時、「聞いているだけじゃなくて、発表しなさい」と声をかけても上手くいきません。

その原因は、発表することに評価基準をおいてしまっていることです。「今日の授業では、一人一回は必ず発表しましょう」など、ほとんどの場合、発表することに関する目標を立てがちです。

しかし、話し合いは、発表者だけでなく聞き手がいて初めて成り立つものです。参加者であるという意識を発表者だけでなく、聞き手にも持たせることが大きなポイントです。

POINT

全員参加の話し合いをつくっていくためには、発表する子だけでなく、一生懸命聞いている子も評価しましょう。

とっても上手な聞き方の人がいるね

よい聞き手を育てることが全員参加への近道

話し合いの時には、発表している子だけでなく、聞く側を意識して見るようにしましょう。きっと、一生懸命に聞こうとしている子がいるはずです。その子を取り上げてほめるようにしましょう。

「○○さんは、今うなずきながら一生懸命に聞こうとしていました。○○さんのような聞き方をする人が増えると、発表できる人がこれから増えていくでしょうね」と価値づけるのです。

「よい聞き手は、よい話し手を育てる」と言われます。聞き合うことができる教室をつくることが、全員参加の話し合いをつくり出す近道です。

4 自分の考えに固執する子がいるときは

意固地にならずに
早く立場を変えなさい

⚠ 強引に立場を変えさせると学級の雰囲気が悪くなる

賛成か反対か、AかBかといった対立させて話し合う時に、明らかに根拠が崩れているのに意固地になって立場を変えない子がいます。

そんな時に「意固地にならずに、早く変えなさい」と強引に立場を変えさせようとすると、さらに意固地になったり、話し合いに参加しなくなったりすることがあります。

そうすると、学級全体の雰囲気も悪くなってしまいます。結果的に学びが深まっていかなくなるのです。

POINT

明らかに根拠が崩れている場合は、潔く立場を変えることのよさをしっかりと学級全体に伝えるようにしましょう。

潔く立場を変えるのは格好いいね

潔く立場を変えることの価値を共有する

根拠が崩れているのにそれでも反論しようとする子には、「もう根拠が崩れてしまっていますね。潔く立場を変えよう」と言葉をかけます。

立場を変えたら「〇〇さんみたいに潔く立場を変えるのは格好いいことですね。みんなも〇〇さんみたいな潔さを大切にしよう」と伝え、全体に共有していきます。

話し合いの目的は、新しい価値や意味を発見することです。潔く立場を変えることは、その目的に迫る重要なポイントなのです。

5 すぐに自分の意見を変えてしまう子がいるときは

もっとしっかり考えなさい

⚠ すぐに自分の意見を変えてしまう背景を考える

話し合い学習をしていると、安易に自分の考えを変えてしまう子どもがいます。前頁の「自分の考えに固執する子がいるとき」とは違い、ここではすぐに友だちの意見に流されてしまうという場合を想定しています。

何となく意見を変えてしまう原因には、自分の考えをもてていない、人間関係を気にしているなど、いろいろあります。

まずは、その子がなぜ安易に立場を変えてしまうのか、その子の意見を変えてしまう背景を探ろうとする姿勢が重要です。

POINT

安易に自分の考えを変えてしまう子がいます。
まずは「それもよし」とプラスの評価をしましょう。

それだけしっかり考えているということですね

まずはしっかり考えていることを認めて価値づけよう

話し合い学習では、すぐに自分の考えを変えてしまう子はいるものです。まずは、それも考えている証拠だと取り上げましょう。

「考えを変えるということは、自分の考えと友だちの考えを比べたということだよね。それだけ考えたということですね」と肯定的にとらえて言葉をかけるのです。

ポイントは、考えたうえで変えるのはいいことだと伝えることです。そうすれば、安易に自分の考えを変えなくなってくるでしょう。

肯定的に受けとめながら、望ましい姿を示すことが大切です。

6 話し合いで一人ぼっちの子がいるときは

一人でいないで友だちのところに行きましょう

対処療法では根本からの解決につながらない

自由に教室を立ち歩いて少人数のグループをつくり交流することがあります。こうした活動をする時に、一人ぼっちの子が出てきてしまうという場面がよくあります。

その時に、一人になっている子に「早く話し合う友だちを見つけなさい」「あの子と一緒にしたら」と声をかけることもありますが、それでは一人になっている子への負担が大きくなってしまいます。

その子に直接行動を促す言葉かけは、対処療法であり、なかなか根本からの解決につながらないことが多くあります。

話し合う時に一人ぼっちになる子がいる時は、ピンチではなく、学級が成長するチャンスだと考えましょう。

なぜ、先生が ストップと言ったか分かる人？

ピンチこそ学級づくりのチャンスと考えよう

一人ぼっちになっている子がいる時は、ピンチではなく、学級づくりのチャンスだと考えるようにしましょう。

話し合いを一度止めて子どもたちに問いかけます。

「ちょっとストップ。なぜ、先生がストップと言ったか分かる人はいますか？」と聞くと、必ず気付いている子どもがいます。

子どもたちが答えた後に、「一人ぼっちの子がいたら声をかけて一緒に話し合う。そんな温かい学級にしていこうね」と語りかけることが重要です。ピンチをチャンスにひっくり返すのです。

7 いつも決まった友だちと交流しているときは

NG フレーズ **他の友だちとも交流しなさい**

ぶつかる指導は学級の乱れにつながってしまう

話し合いをしていると、いつも決まった友だちとしか交流しない子がいます。固定化された関係性では、対話・話し合いの価値が十分発揮されません。いろいろな人との対話を通して新たな気付きや発見ができることが理想です。

しかし、「違う友だちのところに行きなさい」と話し合いの途中で促すと、ぶつかる指導になってしまい、「何でいけないの？」と子どもとの関係性が悪くなってしまうことがあります。

ぶつかる指導は、学級の乱れにつながってしまうのです。

POINT

いつも決まった友だちと交流している子には、活動前にプラスの方向を示して予防しましょう。

きっと今からの交流では、いつもと違う友だちの所にもいくのでしょうね

活動する前にプラスの方向を示そう

ぶつかる指導にならないようにするためのポイントは、活動をする前にプラスの方向を示しておくということです。

「先生の予想なんだけど、きっと今からの交流ではいつもと同じ友だちだけじゃなくて、話したことのない友だちとも一緒に話し合うんだろうな。楽しみだなあ。それでは、話し合いましょう」

このように、活動する前にプラスの方向を示すことによって、気になることを未然に防止できます。こうした指導の繰り返しによって、子ども同士の関係性が広がり、学級の状態もよくなります。

8 白熱しすぎて言い合いになってしまったときは

NG フレーズ もうやめなさい。授業中ですよ

⚠ 話し合いの目的を明確にしておこう

子どもたちの話し合いが白熱してくると、時に反論の応酬となり、ケンカのような状態になることがあります。

その時に「もうやめなさい。授業中ですよ！」と言うと、教室の雰囲気が悪くなってしまいます。そして、後味の悪い話し合いになってしまいます。

本来、話し合いは「お互いの意見を尊重する」というグランドルールがあります。その点を押さえていないと、こうした状況で上手く対応することが難しくなってしまいます。

POINT

白熱しすぎて言い合いになることがあります。そんな時は、その状況を逆手にとってユーモアのある返しをしましょう。

スマイル、スマイル！

言い合いを逆手にとって笑いを生み出そう

言い合いのような状態になった時には、「スマイル、スマイル！」と笑顔で言葉をかけましょう。

すると、周りの子どもたちから笑い声が上がります。言い合っていた子どもたちも、その様子を見て、思わず笑ってしまうものです。

その後で、「今みたいに白熱した話し合いができることが、すばらしいよね。それは人と意見を区別しているからできるんだよね。成長し合うすばらしい関係だね」とほめるようにしましょう。

次第に子どもたちから「スマイル」と、声をかけ合うになります。

9 議論の流れからそれた意見が出たときは

NG フレーズ　関係のある発言をしなさい

教師の指摘が話し合いを停滞させる

話し合いをしている時に、議論の流れからそれた意見が出てしまうことがあります。

そんな時に「関係のある発言をしなさい」「議論からずれているよ」と直接伝えるのはよくありません。教室に緊張感が広がってしまい、話し合いが停滞してしまいます。

子どもたちには、「議論から外れたらどうしよう」「この意見は間違っているのかも」という意識が生まれてしまいます。教室が安心した場所ではなくなってしまうのです。

POINT

議論の流れからそれた意見が出てしまうことがあります。まずは前の子どもの意見を踏まえて、次の発言をさせましょう。

前の人の意見につないでいくとよい話し合いになりますよ

よい話し合いにするための条件を伝える

よい話し合いの条件の一つが「前の人の意見につなぐ」ということです。前の人の意見を踏まえて、次の発言をするということです。

議論がそれてしまった時は、「よい意見だね。前の人の意見につないでいくとさらによい話し合いになりますよ」と伝えるようにします。まずは、肯定的に意見を受けとめ、その後にポイントを伝えるのです。自分が話す番を考えて意見をつなげるようにします。

前の人につないでいる子がいた時には、そのことを取り上げて全体に伝えます。こうした積み重ねが、よい話し合いをつくります。

COLUMN
6

一人ひとりを信じて向き合う

Ｉさんは、場面緘黙症でした。４月に、「１年間かけてＩさんが一言でも話せるような温かい学級にしよう」と決めました。Ｉさんは、友だちとの対話場面では、ノートを見せて伝えたり、一生懸命聞いたりしていました。こうした姿を価値づけて繰り返しほめました。

２学期になると、音読練習で声が出るようになりました。次第にペア対話、全体での発表もできるようになりました。

そして、３学期に福祉体験の発表をした時のことです。Ｉさんは、約２分間の発表をすることができました。声を振り絞るように一生懸命に伝えていました。そのことを教室で紹介すると、友だちから温かい拍手が送られました。Ｉさんが話せるようになったことは、いつの間にか学級みんなの誇りになっていました。Ｉさんは、「みんなに話すのが楽しい」と言うようになりました。

Ｉさんの変化から、一人ひとりを信じて向き合うこと、日々の小さな成長を大切にすることの重要性を学びました。そして、コミュニケーション指導は、温かい関係性を築き、共に育ち合う教室をつくっていくものだと確信することができました。

おわりに

「今日の授業では、いい発言ができた気がします。ありがとうございました」
「どうして先生は授業中にほめてくれるのですか？　ぼくは授業中にほめられたことがありませんでした」
「先生は、どんなこともほめてくれました。だから、安心して勉強することができました」
これらの言葉は、授業後の６年生の感想です。

教師のポジティブな言葉かけ１つで、教室の空気はガラリと変わります。子どもたちの表情は、明るく輝き始めます。
このことは、この10年間で飛込授業を2000回以上行ってきて、確信を持って言えることです。子どもたちは、教師からの温かい言葉を強く欲しているのでしょう。

日々の指導の中で、教師はどうしても子どものマイナス面に目が行きがちです。マイナスを正そうとすると、教師の言葉かけも自然とマイナス指向になっていきます。ほめることが少なくなっていくのです。
すると、子どもたちもマイナスを気にかけるようになり、結果として教室にマイナスの空気が充満するのです。

教師の言葉かけは、常にプラス面に目を向けて行うべきなのです。言葉かけの基本は、美点凝視です。

本書は、菊池道場で学び続けている４人の先生方のお力によって完成しました。互いの授業動画を見合ったり、文字化した授業記録を読み合ったりして、子どもたちが笑顔になる言葉かけを追究していただきました。そして、実践を通して検証もしていただきました。

その真摯な実践者としてのお姿に、改めて学ぶことの楽しさやその価値を教えていただきました。感謝の気持ちでいっぱいです。ありがとうございました。

私たちは、笑顔あふれる教室を増やしたいと強く思っています。絆の強い安心感のある教室をつくりたいと考えています。

本書が、そのことに少しでも役立つことを、執筆者を代表して願っています。

また、学陽書房のみなさんには大変お世話になりました。原稿がなかなか進まない中、ねばり強くはげまし応援してくださいました。本当にありがとうございました。

まずは、教師自身がプラスの視点をもってください。プラスの言葉かけで、教室や子どもは必ず変わります。

菊池　省三

編著者紹介

菊池（きくち） 省三（しょうぞう）

本書ではCHAPTER1・CHAPTER2の執筆と全体の監修を担当。
愛媛県出身。「ほめ言葉のシャワー」「価値語」「成長ノート」などの独自の実践により、現代の学校現場に即した独自の実践によりコミュニケーション力あふれる教育をめざしてきた。教員同士の学びの場「菊池道場」を主宰し、その支部は全国約60か所に広がり大きなうねりとなっている。
文部科学省「『熟議』に基づく教育政策形成の在り方に関する懇談会」委員、兵庫県西脇市教育アンバサダーなどを歴任。
2012年7月、NHK人気番組【プロフェッショナル 仕事の流儀】で取り上げられたことをきっかけに全国へ講演。テレビ東京「たけしのニッポンのミカタ」、日本テレビ「NEWS ZERO」「世界一受けたい授業」などにも出演し大きな反響を得ている。
主な著書に『菊池先生のことばシャワーの奇跡』（講談社）、『菊池省三流　奇跡の学級づくり』（小学館）、『日本初！小学生が作ったコミュニケーション大事典　復刻版』（中村堂）、『授業がうまい教師のコミュニケーション術』（学陽書房）、『ほめ言葉手帳』（明治図書出版）など。

菊池省三オフィシャルサイト　http://www.kikuchi-shozo.net

著者紹介

中國(なかくに) 達彬(たつあき)
広島県の公立小学校教諭として勤務。菊池道場福山支部長。「豊かなコミュニケーションを通して新たな気付き・発見を」を合言葉に、広島県福山市で学習会を主催している。本書ではCHAPTER3の執筆を担当。

小笠原(おがさわら) 由衣(ゆい)
1987年高知県高知市出身。岡山大学教育学部を卒業後、銀行の営業部を経て教員へ。現在は高知県の公立小学校教諭として勤務。菊池道場高知支部長。高知県高知市周辺で学習会を主催している。趣味はサーフィン、スキー、スノーボード。本書ではCHAPTER4の執筆を担当。

西村(にしむら) 昌平(しょうへい)
岡山大学教育学部を卒業後、岡山県倉敷市の公立小学校教諭として勤務。菊池道場岡山支部長。教育サークル「倉敷教師塾」所属。倉敷市小学校教育研究会国語部会役員。本書ではCHAPTER5の執筆を担当。

堀井(ほりい) 悠平(ゆうへい)
1991年徳島県出身。関西大学人間健康学部卒業後、徳島県の公立小学校教諭として勤務。菊池道場徳島支部長。主な共著に『「5分の1黒板」からの授業革命 新時代の白熱する教室のつくり方』(中村堂)、『菊池省三365日のコミュニケーションゲーム』(明治図書出版)、『マンガでわかる教師の言葉かけとパフォーマンス77』(喜楽研) など。本書ではCHAPTER6の執筆を担当。

菊池流　このひと言で子どもが動く！
言いかえフレーズ

2024年 2 月22日　初版発行
2024年 8 月20日　2 刷発行

編著者　菊池省三（きくち しょうぞう）
著　者　中國達彬（なかくにたつあき）・小笠原由衣（おがさわらゆい）・西村昌平（にしむらしょうへい）・堀井悠平（ほりいゆうへい）

発行者　佐久間重嘉

発行所　学 陽 書 房
〒102-0072　東京都千代田区飯田橋1-9-3
営業部／電話　03-3261-1111　FAX　03-5211-3300
編集部／電話　03-3261-1112
http://www.gakuyo.co.jp/

ブックデザイン／八木孝枝
イラスト／吉村ともこ
本文DTP制作・印刷／精文堂印刷　製本／東京美術紙工

ISBN 978-4-313-65506-5 C0037

好評の既刊！

学級経営がラクになる！
聞き上手なクラスのつくり方

松尾英明　著

A5判・120ページ　定価1,870円（10%税込）

もう「静かに！」と言わなくてOK！　子どもが自ら集中する、目からウロコの指導法を紹介！　よくある困った場面で、具体的にどのような言葉かけや指導をしていけばいいのかを伝授。今日からクラスが、「先生・友だちの話を聞くのが大好き」な子でいっぱいに！